MADAME DU CHATELET,

OU

POINT DE LENDEMAIN,

COMÉDIE EN UN ACTE, MÊLÉE DE CHANT,

PAR MM. ANCELOT ET GUSTAVE.

Représentée pour la première fois à Paris, sur le théâtre du Vaudeville, le 3 mai 1832.

DISTRIBUTION DE LA PIÈCE.

VOLTAIRE	M. Volnys.
Le Marquis DE SAINT-LAMBERT	M. Ém. Taigny.
Le Marquis DU CHATELET	M. Lepeintre jeune.
DUBOIS, valet de chambre et secrétaire de Voltaire	M. Émilien.
Mme DU CHATELET	Mme Brohan.
HENRIETTE, femme de chambre de Mme du Châtelet	Mlle Georgina.

(La scène se passe au château de Cirey, en 1735.)

Le théâtre représente un salon ouvert sur un parc. — Porte au fond, portes latérales. Une table à droite avec des livres et tout ce qu'il faut pour écrire.

SCÈNE I.

SAINT-LAMBERT, DUBOIS.

(Au lever du rideau, Saint-Lambert écrit à la table de droite; Dubois entre.)

DUBOIS.

Monsieur le marquis de Saint-Lambert a-t-il des lettres? Dans dix minutes Robert va partir pour la poste voisine.

SAINT-LAMBERT.

J'achève la dernière : je vous en remettrai plusieurs dans un instant.

DUBOIS

Je monte chez M. de Voltaire; puis je reviendrai chercher les vôtres.

(Il sort par la porte de gauche.)

SAINT-LAMBERT, seul, écrivant.

« Adieu, cher ange, mes seules amours! Je » baise mille fois cette belle main qui, je l'es- » père, ne tardera pas à me répondre : adieu, à » vous! et pour la vie! » (Il se lève et tient à la main la feuille de papier qu'il dépose ensuite sur la table.) Quatre pages! voilà de quoi faire oublier un retard de quelques jours!... En conscience, je ne pouvais sans impolitesse refuser l'invitation de Mme la marquise du Châtelet; ma curiosité était vivement excitée!... Pourtant je ne prolongerai pas mon séjour à Cirey; demain, je pars pour aller près de toi, mon Athénaïs! pour toi je quitterai ce Voltaire, cet homme qui sans sortir de sa retraite envahit le monde par sa pensée! Et cette belle marquise... car elle est belle... oui, elle est belle cette femme qui suit Descartes dans les cieux, qui lit Homère en grec, et qui est aimée de Voltaire!... mais c'est à peine si l'on ose donner le nom d'amour au lien qui unit ces deux hautes intelligences!... Elle est si peu femme, qu'on s'étonne de la trouver jolie! Il faut même tâcher de ne pas s'en apercevoir.

AIR : Je sais attacher des rubans.

De son esprit, de sa beauté,
En vain on subirait l'empire :
Par ses rigueurs on serait arrêté;
Ce qu'elle veut, c'est qu'on l'admire.
Son cœur repousserait les [illegible]
Les doux aveux d'un sentiment plus tendre.

Car la gloire y parle trop haut
Pour que l'amour s'y fasse entendre.

(Il revient à la table, et, tout en parlant, il écrit l'adresse de ses lettres.)

En vérité, je ne me faisais pas une idée de cet être à part qui se nomme la marquise du Châtelet! Ah! n'oublions pas ces vers que je lui ai récités hier et dont elle m'a demandé une copie, mettons-les sous une enveloppe à son adresse.. Elle fait cas de mon goût, dit-elle... C'est que je l'écoute si bien, que, devant moi, elle prend plaisir à s'entendre causer! Allons, voilà qui est fait.

DUBOIS, entrant.

Monsieur a-t-il fini?

SAINT-LAMBERT.

Oui, tiens, voici pour la poste. (Il lui donne des lettres.) Je remettrai cela moi-même à Mme la marquise.

DUBOIS.

Voici la femme de chambre de madame, Mlle Henriette.

SAINT-LAMBERT.

C'est bien; je te dis que je le remettrai moi-même.

DUBOIS.

Comme il plaira à monsieur.

(Saint-Lambert sort.)

SCÈNE II.

HENRIETTE, DUBOIS.

DUBOIS.

Bonjour, mademoiselle Henriette.
Belle Henriette, reçois mon tendre et pur hommage!

HENRIETTE.

Allons, vous aussi, m'allez-vous dire des vers? Si cela continue, personne ne parlera plus français dans cette maison.

DUBOIS.

Ah! vous n'êtes pas aimable aujourd'hui, mademoiselle Henriette. Est-ce que Mme la marquise ne serait pas de bonne humeur?

HENRIETTE.

De bonne humeur!... ah! ça ne lui arrive pas souvent! Mais il faut être juste, depuis qu'elle a mis le nez dans ce gros volume qu'on lui a envoyé d'Angleterre, c'est encore pis qu'auparavant?

DUBOIS.

J'en vois quelquefois bien d'autres avec M. de Voltaire, moi qui suis à la fois son valet de chambre et son secrétaire.

HENRIETTE.

Ah! c'est votre M. de Voltaire qui lui a tourné l'esprit.

DUBOIS.

Ah! mon Dieu, j'oubliais les lettres. (Il va à la porte et appelle.) Robert!... (Un domestique paraît avec une boîte en ferblanc.) Tiens, voici les lettres, pars tout de suite.

(Il met les lettres dans la boîte. Robert sort.)

HENRIETTE.

Dire que madame la marquise, riche, jeune et belle, pouvant rester à Paris, aller tous les soirs au bal et à la comédie, vienne s'enterrer dans un vieux château pour déchiffrer du latin, pour passer sa vie à lire!... Il faut être diablement curieux pour cela!... Et votre maître aussi!... Toujours étudier!... Ah! ça, ces gens-là n'auront donc jamais fini leur éducation?..

DUBOIS.

Il paraît!..., Mais tenez, le voici.

SCÈNE III.

HENRIETTE, VOLTAIRE, sortant de la porte de gauche, DUBOIS.

VOLTAIRE.

Peut-on entrer chez votre maîtresse?

HENRIETTE.

Non, monsieur.

VOLTAIRE.

Allez de ma part le lui demander.

HENRIETTE.

Elle a défendu qu'on l'interrompît ce matin.

VOLTAIRE.

Elle est donc chez elle?

HENRIETTE.

Sans doute, monsieur; à moins pourtant qu'elle ne soit sortie par la porte de son appartement qui donne dans le parc.

VOLTAIRE.

Eh bien! mademoiselle, veuillez vous en informer, et lui dire que j'insiste pour la voir.

HENRIETTE.

J'y vais, monsieur.

(Elle sort par la porte de droite.)

SCÈNE IV.

VOLTAIRE, DUBOIS.

VOLTAIRE.

Dubois, avez-vous achevé cette copie?

DUBOIS, avec orgueil.

J'espère que monsieur ne sera pas mécontent de moi: c'est qu'il ne faut pas être une bête pour déchiffrer l'écriture de monsieur.

VOLTAIRE, à lui-même.

Ce dernier écrit confondra, j'espère, Fréron et l'abbé Desfontaines.

DUBOIS, tirant un cahier de sa poche.

Si monsieur veut examiner?...

VOLTAIRE, sans l'entendre.

Un livre est une lettre écrite aux amis inconnus qu'on a dans le monde.

DUBOIS.

Il ne m'entend pas!

VOLTAIRE, à lui-même.

Mais lutter contre de tels misérables! donner dans mes vers un avenir à leur calomnie, ou se laisser déchirer sans répondre!... non, non.

AIR : T'en souviens-tu?

L'aigle parfois laisse un lâche adversaire
Jusques à lui s'élever en rampant;
Mais il s'éveille!... et sa terrible serre
A dans les airs emporté le serpent.
Vils ennemis, je veux que mes ouvrages
Traînent vos noms à la postérité :
Oui, tremblez tous!., pour punir vos outrages,
Je vous condamne à l'immortalité.

DUBOIS, le cahier à la main.

Diable! voilà qui est ronflant! ce que c'est que d'avoir du génie!.. mais je crois que ça se gagne.

VOLTAIRE.

Eh bien! que faites-vous ici?

DUBOIS.

Moi, monsieur!... je pensais.

VOLTAIRE.

Vous pensiez!... voilà qui est fort.

DUBOIS.

Oui, je pensais à ces vers...

VOLTAIRE.

Ah! c'est juste, donnez, je ne les ai pas relus.

DUBOIS, lui remettant un manuscrit.

Comme c'est écrit!

VOLTAIRE, après avoir parcouru le papier.

C'est bon. (A lui-même.) La réponse d'Emilie ne vient pas... Décidément la femme de chambre avait raison, et je ferai bien de ne pas m'exposer à un de ces orages si pénibles à supporter. Eloignons-nous, et revenons plus tard; payons d'un peu de complaisance les soins dont elle m'entoure et le bonheur quelle m'a donné. Et que sais-je? peut-être...

AIR d'Aristippe.

Quand je l'attends, la moderne Uranie
Poursuit des yeux quelque astre voyageur;
Bien loin de moi l'emporte son génie;
Pardonnons-lui, moi qui connais son cœur;
Mon tour viendra, car je connais son cœur.
Sur les chagrins dont m'abreuve la haine
Sa bonté verse un baume adoucissant;
Et dans les cieux lorsque Newton l'entraîne,
C'est pour moi qu'elle redescend.

Oui, point d'importunité; j'attendrai le moment favorable pour la voir. Allons travailler, cela me distraira

SCÈNE V.

DUBOIS, puis Mme DU CHATELET et SAINT-LAMBERT, qui doivent entrer par le fond.

DUBOIS, seul un instant.

Il est bien heureux de m'avoir, M. de Voltaire! sans moi, M. Fréron gagnerait bien plus qu'il ne fait : le patron n'est pas fort sur l'orthographe, il met des a au lieu de mettre des o; il veut écrire comme on parle... heureusement, j'arrange tout ça... Ah! voici Mme la marquise avec M. Saint-Lambert; ne les troublons pas, sortons.

(Il sort par la porte de gauche.)

Mme DU CHATELET, continuant une conversation commencée.

Oui, monsieur, il est des femmes qui mettent à être estimables tout le prix que d'autres mettent à être admirées; qui sont convaincues que l'amour promet plus de bonheur qu'il n'en donne, et que la vertu au contraire en procure toujours plus quelle n'en promet.

SAINT-LAMBERT.

Voilà, madame, des idées bien sévères, et qui ne sont guère en usage dans le temps où nous vivons.

Mme DU CHATELET.

Malheureusement, car l'amour lui-même y gagnerait. Si la vertu ne triomphe pas toujours de la sensibilité d'une femme, elle l'empêche au moins de céder avec cette légèreté qui l'expose au mépris; elle lui donne le premier bonheur de l'amour, l'estime de celui qu'elle aime.

SAINT-LAMBERT.

Je ne m'étonne plus qu'avec une pareille façon de penser vous soyez l'objet du culte qui vous entoure. Votre cœur est comme votre esprit; on ne peut lui trouver ni défauts, ni faiblesses.

Mme DU CHATELET.

De la flatterie, monsieur de Saint-Lambert!... non, je n'en veux point. De l'amitié, de la confiance, voilà tout entre nous; je ne veux pas autre chose.

SAINT-LAMBERT.

On trouve souvent ce qu'on ne cherche pas.

SCÈNE VI.

HENRIETTE, Mme DU CHATELET, SAINT-LAMBERT.

HENRIETTE, entrant par le fond.

Depuis un quart d'heure je cours après madame. M. de Voltaire désire lui parler.

Mme DU CHATELET.

Qu'il vienne. Henriette sort.

SAINT-LAMBERT.

Il faut donc céder la place au plus heureux des mortels!

Mme DU CHATELET, vivement.

Heureux en effet... Sa dernière tragédie vient d'obtenir à Paris un succès fou.

SAINT-LAMBERT.

Ce n'est pas de sa gloire que je parlais.

Mme DU CHATELET.

Monsieur de Saint Lambert!...

SAINT-LAMBERT.

Pardon! mais avant de vous quitter, permettez, madame, que je vous remette ces vers, faibles essais que votre indulgence a bien voulu accueillir.

Mme DU CHATELET.

Donnez, donnez; ils sont charmans, et je les relirai avec plaisir.

SAINT-LAMBERT, lui donnant un papier sous enveloppe.

Les voici.

Mme DU CHATELET.

A revoir. (Il salue et sort.)

SCÈNE VII.

Mme DU CHATELET, seule.

Il a un goût exquis et une grace parfaite! Voyons encore ses vers: (Elle ouvre le papier et lit.) « Chère idole de ma vie, vous qui avez allumé » dans mon cœur cet amour brûlant... » Qu'est-ce à dire! une déclaration, à moi!... Ah! je n'en lirai pas davantage.. non certes, je ne lirai pas... Je serais pourtant curieuse de savoir comment peut finir un homme qui commence ainsi... (Elle lit bas et s'interrompt de temps en temps.) Est-ce possible? quelle passion, quatre pages! il faut qu'il soit bien confiant en lui-même. (Après avoir lu.) Certainement il ne restera pas plus long-temps... Je lui rendrai cette insolente épître, il connaîtra tout mon dédain, toute ma colère!... Jamais rien de pareil ne m'est arrivé... on reçoit une déclaration, c'est possible; mais cette vivacité d'expressions, cette confiance, cette certitude du succès... c'est par trop impertinent, et je suis furieuse!

Air du Baiser au porteur.

A tant d'audace à peine je peux croire!...
Son fol amour s'exprime en conquérant.
Au jeune fat, si sûr de sa victoire,
Je montrerai combien il se méprend:
Si la timide et modeste espérance
Touche parfois et peut se pardonner,
De tout ravir être certain d'avance,
C'est nous ôter le bonheur de donner.

SCÈNE VIII.

Mme DU CHATELET, VOLTAIRE.

VOLTAIRE, entrant par la porte de gauche.

Enfin, Emilie, je peux vous voir!... et ma visite n'est pas importune?... je l'espère, du moins.

Mme DU CHATELET, préoccupée.

Non sans doute.

VOLTAIRE.

Mais votre air dément presque vos paroles.

Mme DU CHATELET.

Préoccupée de quelque chose...

VOLTAIRE.

Je comprends... Pardon, belle amie! Je respecterais jusqu'à vos caprices, si vous pouviez en avoir.

Mme DU CHATELET.

Des caprices?... moi!...

VOLTAIRE.

Non, non, vous êtes la raison même, et c'est sans doute Newton qu'il faut que j'accuse.

Mme DU CHATELET, souriant.

Newton?...

VOLTAIRE.

Ou bien Descartes!... Oui, votre esprit s'élève en ce moment au-dessus des choses de la terre!... elles sont indignes de vous occuper.

Mme DU CHATELET, à part.

Je ne puis revenir de ma surprise! une telle audace...

VOLTAIRE.

Vous ne m'écoutez pas? vous paraissez inquiète, mécontente?

Mme DU CHATELET.

Peut-être.

VOLTAIRE.

Vos calculs sont-ils dérangés par quelque circonstance imprévue?

Mme DU CHATELET.

C'est possible.

VOLTAIRE.

Eh bien! confiez-moi vos doutes: mes avis pourront vous aider.. quoiqu'à vrai dire je vous sois bien inférieur pour ces sortes de choses.

Mme DU CHATELET, avec grace.

Non, pour cette fois, vos avis me sont inutiles: j'aurais honte d'avoir besoin de secours pour terminer cette affaire.

VOLTAIRE.

En ce cas, permettez que je vous parle d'une autre qui vous intéresse assez vivement pour que je réclame toute votre attention.

Mme DU CHATELET.

Qu'est-ce donc?

VOLTAIRE.

Des nouvelles du marquis du Châtelet, de votre mari.

Mme DU CHATELET, avec indifférence.

Ah! vous avez reçu des lettres de Lunéville?

VOLTAIRE.

Oui, vraiment, et fort inquiétantes pour nous.

Mme DU CHATELET, ne l'écoutant plus et à part.

C'est qu'en vérité l'amour ne s'est jamais exprimé avec plus de violence!

VOLTAIRE, un peu piqué.

Pardonnez-moi, madame, je vois que vous êtes bien loin de moi.. Je n'essaierai plus d'attirer votre attention; je vous quitte.

Mme DU CHATELET, revenant à elle.

Voltaire!...

VOLTAIRE.

J'aurais cru qu'en vous disant: Emilie, notre bonheur est menacé; ce lien qui nous unit, peut-être il va se rompre, je parviendrais à vous distraire de vos grands travaux: mais, je le vois, vous êtes poursuivie par une idée qui vous intéresse davantage, je n'ai plus rien à dire.

(Il va pour sortir.)

Mme DU CHATELET.

Arrêtez! (A part.) Ah! c'est lui qui m'aime! (Haut.) Voltaire, cher ami, vous me pardonnez, n'est-ce pas?

VOLTAIRE, après un instant d'hésitation.

Il faudrait toujours finir par là. (Il lui tend la main.)

Mme DU CHATELET.

Mon ami!

VOLTAIRE.

Cette lettre vous fera voir si nous avons le temps de nous quereller.

Mme DU CHATELET, regardant la lettre.

Elle est de M. Devaux.

VOLTAIRE.

Le lecteur du roi Stanislas.

Mme DU CHATELET.

Un ami sûr.

VOLTAIRE.

Il nous en donne la preuve. Écoutez: (Il lit.) « Des couplets du chevalier de Boufflers ont beau» coup occupé ces jours-ci notre petite cour. L'au» teur exalte, comme il le doit, l'amabilité de » Mme du Châtelet, l'étendue de ses connaissances, » l'élévation de ses idées; puis il rend grace au » dieu des amours, dont la protection lui a en» voyé un poète pour embellir et charmer sa so» litude.

» Des gens officieux, comme il s'en trouve tou» jours, n'ont pas manqué de faire tomber une » copie de ces couplets entre les mains de M. du » Châtelet: cela n'a point paru lui plaire; nous » l'avons vu toute la journée plus maussade qu'à » l'ordinaire, et il vient d'annoncer au roi son dé» part pour demain. Cette lettre ne le précédera » pas de deux heures. » Il ne vous a pas écrit pour vous annoncer son retour?

Mme DU CHATELET.

Non.

VOLTAIRE.

Il veut vous surprendre.

Mme DU CHATELET.

Cela m'étonnerait; il n'est pas jaloux.

VOLTAIRE.

L'amour que vous inspirez peut lui faire voir enfin que vous êtes jeune et belle.

Mme DU CHATELET.

Vous le savez, ce sont des motifs d'intérêt qui nous unirent, M. du Châtelet et moi; il plaidait contre mon père pour cette terre où nous habitons; avec des droits également incertains, ils imaginèrent de s'arranger par un mariage, et l'on vint un matin m'apprendre, à moi pauvre fille de seize ans, que j'allais changer de maître. C'est donc la terre de Cirey que M. du Châtelet a épousée; il la possède, il en jouit, et, grace à Dieu, il s'en est toujours contenté.

VOLTAIRE.

C'est à merveille; mais l'amour-propre, la crainte du ridicule.. Dans cette grosse tête-là il y a de la place pour tous les préjugés.

Mme DU CHATELET.

Vous avez peut-être raison... mais qu'y faire?

VOLTAIRE.

Comment? Il y a mille moyens de faire prendre le change à un mari.

Mme DU CHATELET.

Si vous pouviez seulement en trouver un?

VOLTAIRE.

Nous en trouverons.

Mme DU CHATELET.

Mon ami, nous voilà condamnés à feindre, a tromper... Je suis donc coupable!... Et pourtant ces tendres affections de l'ame, que vous avez éveillées en moi, jamais l'homme à qui l'on m'enchaîna ne me les a demandées!... et si mon bonheur est une faute, il me semble que le nom de Voltaire doit m'absoudre.

VOLTAIRE.

Chère Emilie! qui oserait vous accuser? Le monde où nous vivons a-t-il le droit d'être sévère? Non. Votre mari lui-même a-t-il réclamé votre amour? s'est-il un seul instant inquiété des dispositions de votre cœur?... Jamais. Aujourd'hui sa vanité peut-être s'est irritée: eh bien! détruire un soupçon qui l'a troublé un moment, rendre le calme à son esprit, voilà ce que nous devons faire. L'amour-propre n'en demande pas davantage.

Mme DU CHATELET.

Mais comment y parvenir?

VOLTAIRE.

Si, à son retour, il nous voyait divisés d'opinion sur tous les points, refroidis, brouillés même...

Mme DU CHATELET.

Beau moyen! m'a-t-il jamais vue brouillée avec lui? Mon ami, on ne querelle que les gens qu'on aime.

VOLTAIRE.

Vous m'aimez donc bien?

Mme DU CHATELET.

Ah! une épigramme!

VOLTAIRE.

Ne vous fâchez pas! Ecoutez: si je quittais Cirey sur-le-champ?... Il ne nous sait pas informés de son retour.

Mme DU CHATELET.

Voulez-vous donc qu'il me trouve en tête-à-tête avec M. de Saint-Lambert?

VOLTAIRE.

Saint-Lambert!... Eh! mais, vous m'y faites penser; c'est une excellente idée!

Mme DU CHATELET, ironiquement.

Excellente, en effet!

VOLTAIRE.

Eh! parbleu! voilà le moyen tout trouvé!

Mme DU CHATELET.

Que voulez-vous dire?

VOLTAIRE.

C'est cela, vraiment!... les couplets de M. de Boufflers parlaient d'un poète dont la présence embellit votre retraite; ils ne me nommaient point. Saint-Lambert est poète; le marquis vous trouve seule avec lui, et c'est sur le cher confrère que se porte sa jalousie.

Mme DU CHATELET.

Il n'y a qu'une petite difficulté.

VOLTAIRE.

Laquelle?

Mme DU CHATELET.

C'est que M. de Saint-Lambert ne peut pas rester ici.

VOLTAIRE.

Pourquoi?

Mme DU CHATELET.

Pourquoi?... que vous importe?... Qu'il vous suffise de savoir que cela ne me convient pas.

VOLTAIRE.

Voici la meilleure de toutes les raisons.

Mme DU CHATELET.

Et d'ailleurs, M. du Châtelet ne peut pas en être jaloux.

VOLTAIRE.

Je vous dirai encore: pourquoi?

Mme DU CHATELET, avec affection.

Mon ami, on peut supposer mon cœur capable d'attachement pour vous; j'ai dû m'y attendre. L'éclat qui environne votre vie a rejailli sur la mienne, et la livrera sans doute au jugement de la postérité.

AIR: Mais, Frédéric, vous l'ignorez peut-être.

Ce doux lien qui m'enchaîne à Voltaire
Doit vivre, hélas! dans un long souvenir;
Oui, je le sens, sur ce tendre mystère
S'attacheront les yeux de l'avenir.
Mais, mon ami, s'il faut dans la mémoire
Que nos deux noms soient réunis un jour,
J'ose espérer du moins que votre gloire
Demandera grace pour mon amour.

VOLTAIRE.

Chère Emilie!

Mme DU CHATELET.

Pour vous, je me suis résignée à la médisance; mais pour un jeune étourdi, faisant le métier d'homme à bonnes fortunes, et passablement fat!... En vérité, ceux qui me connaissent ne pourraient l'imaginer, et nous aurions beau faire, on ne le croirait pas.

VOLTAIRE.

Ceux qui vous connaissent, oui... mais M. du Châtelet!... est-il capable de vous apprécier?.. Saint-Lambert est très joli homme: voilà tout ce qu'il faut.

Mme DU CHATELET.

Je ne consentirai jamais à jouer un pareil rôle.

VOLTAIRE.

Il sera si court que vous n'aurez pas le temps d'en être embarrassée.

Mme DU CHATELET, avec impatience.

Je ne veux pas! Je vous répète que cela est impossible!... J'ai à me plaindre de M. de Saint-Lambert, je ne l'aime pas.

VOLTAIRE.

Mais il n'est pas nécessaire que vous l'aimiez. Vous avez, dites-vous, à vous plaindre de lui! eh bien! ce sera une petite vengeance fort innocente, et vous savez, comme l'a dit notre grand Corneille,

Que la vengeance est douce à l'esprit d'une femme!

Il fait le métier d'homme à bonnes fortunes? Raison de plus pour qu'il se prenne au piége. En adoptant le moyen que je vous offre, vous écartez l'orage qui pourrait détruire le bonheur d'un ami, vous punissez un homme qui vous a déplu, je ne sais comment, et vous rassurez un mari qui s'avise d'être jaloux à cinquante ans. C'est la plus piquante des combinaisons; et que sais-je? peut-être un jour la transporterai-je sur la scène?

Mme DU CHATELET.

Il ne manquerait plus que cela.

VOLTAIRE.

Allons, Emilie, ne repoussez pas le seul moyen qui se présente de rendre du calme à notre avenir. Je vous en conjure! Tenez, justement voici M. de Saint-Lambert! Regardez donc comme il est bien! Je vous assure qu'en pariant qu'il plaira à une jolie femme, il y a cent contre un qu'on gagnera.

Mme DU CHATELET.

Vous êtes un extravagant.

VOLTAIRE.

Vous consentez! voilà qui est arrangé: laissez-moi faire.

Mme DU CHATELET, à part.

Et cette impertinente lettre? Quel embarras!

SCÈNE IX.

Mme DU CHATELET, VOLTAIRE, SAINT-LAMBERT, entrant par le fond.

VOLTAIRE.

Arrivez, mon cher Saint-Lambert; on parle de de vous.

SAINT-LAMBERT.

Alors il faut que j'aie une grande confiance dans votre amitié pour n'être pas inquiet.

VOLTAIRE.

Oui, je disais, et madame ne me démentait pas, que vous êtes un heureux mortel! Figure, esprit, talens, et, ce qu'il ne faut pas oublier, un brillant uniforme que vous portez à ravir! N'est-il pas vrai, madame?

Mme DU CHATELET, qui a jeté à la dérobée un regard sur Saint-Lambert.

Je n'ai pas dit un mot de cela.

SAINT-LAMBERT, à Voltaire.

Vous me traitez en ami, en disciple. Je n'ai pas le droit d'espérer de madame autant d'indulgence.

Mme DU CHATELET, qui lui a encore lancé un regard furtif, à part.

Il est aussi calme qu'à l'ordinaire.

SAINT-LAMBERT.

Un temps viendra peut-être où je mériterai sa bienveillance.

VOLTAIRE, bas à Mme du Châtelet.

Dites-lui donc quelque chose.

Mme DU CHATELET, avec ironie.

M. de Saint-Lambert a besoin d'être encouragé! Il est si timide!

SAINT-LAMBERT, à part, avec étonnement.

Qu'a-t-elle donc?

VOLTAIRE.

Oh! les encouragemens ne lui manqueront pas! Les premiers essais de sa plume, élégante et légère, ont obtenu de nombreux suffrages; et le vôtre, madame, a déjà payé ses efforts. Les jolis vers qu'il nous récitait hier, il a dû vous les remettre? Ils n'ont rien perdu, sans doute, à la lecture?

SAINT-LAMBERT, à Mme du Châtelet.

Cette nouvelle épreuve m'a-t-elle été favorable?

Mme DU CHATELET, à part.

Quelle audace! (Elle lui lance un regard sévère.

SAINT-LAMBERT, à part.

Comme elle me regarde! qu'y a-t-il donc?

VOLTAIRE.

Vous ne répondez pas? avez-vous remarqué quelque chose qui ne vous plaise pas? Il faudrait le lui dire franchement: à son âge, on profite des leçons, et il ferait mieux une autre fois.

Mme DU CHATELET, à part.

Je ne sais en vérité que répondre.

VOLTAIRE.

Allons, avouez-le; vous voudriez quelque chose de plus!

Mme DU CHATELET.

Quelque chose de plus? Non, c'est bien assez, je vous jure.

VOLTAIRE.

Madame la marquise, mon cher ami, est un peu difficile. Elle a vu tant d'ouvrages de ce genre!

Mme DU CHATELET, à part.

Il me met au supplice! (Haut et ironiquement.) Monsieur a une manière d'écrire qui n'appartient qu'à lui, et dont rien, je vous assure, ne m'avait donné l'idée. (Elle regarde attentivement Saint-Lambert.)

SAINT-LAMBERT, bas à Voltaire.

Je crains vraiment de lui avoir déplu.

VOLTAIRE, à demi-voix.

Ne vous effrayez pas! c'est un léger caprice. Elle a tant de quoi se faire pardonner!

Mme DU CHATELET, à part.

Voltaire a raison; sa tournure est charmante! Je ne l'avais pas encore examiné. Il est très bien.

VOLTAIRE, à Saint-Lambert.

Vous êtes beaucoup trop modeste, Saint-Lambert: un jour votre nom sera célèbre.

SAINT-LAMBERT.

Je n'en doute plus. N'ai-je pas reçu de vous, ce matin, mon brevet d'immortalité?

Mme DU CHATELET.

Que voulez-vous dire?

SAINT-LAMBERT.

Qu'entre deux scènes de Mérope l'auteur de la Henriade a laissé tomber de sa plume un de ces riens charmans qui feront les délices de la postérité. Or celui-ci m'est adressé, et je peux dire comme Horace: « Je ne mourrai pas tout entier! »

Mme DU CHATELET.

Ces vers, m'est-il défendu de les connaître?

SAINT-LAMBERT.

Monsieur de Voltaire ne voudrait pas se priver du plus flatteur de tous les suffrages. (Il tire un papier de sa poche et le donne à Voltaire.) Tenez! ce serait agir en ennemi que de ne pas vous les laisser lire vous-même.

VOLTAIRE, à Mme du Châtelet.

Vous le désirez?

Mme DU CHATELET.

Je vous en prie.

VOLTAIRE.

Allons! (Il lit.)

- A monsieur de Saint-Lambert.

Tandis qu'au-dessus de la terre,
Des aquilons et du tonnerre,
La belle amante de Newton
Dans les routes de la lumière

Conduit le char de Phaéton,
Sans verser dans cette carrière,
Nous attendons paisiblement
Près de l'onde castalienne
Que notre héroïne revienne
De son voyage au firmament;
Et nous assemblons, pour lui plaire,
Dans ces vallons et dans ces bois,
Les fleurs dont Horace autrefois
Faisait des bouquets pour Glycère.
Saint-Lambert, ce n'est que pour toi
Que ces belles fleurs sont écloses!
C'est ta main qui cueille les roses,
Et les épines sont pour moi.
« Ce vieillard chenu qui s'avance, *
» Le Temps, dont je subis les lois,
» Sur ma lyre glace mes doigts,
» Et des organes de ma voix
» Fait frémir la sourde cadence.
» Les Graces, dans ces beaux vallons,
» Les dieux de l'amoureux délire,
» Ceux de la flûte et de la lyre,
» T'inspirent tes aimables sons,
» Avec toi dansent aux chansons,
» Et ne daignent plus me sourire.
» Dans l'heureux printemps de tes jours,
» Des dieux du Pinde et des amours
» Saisis la faveur passagère;
» C'est le temps de l'illusion;
» Je n'ai plus que de la raison!...
» Encore, hélas! n'en ai-je guère! »
Mais je vois venir, sur le soir,
Du plus haut de son aphélie,
Notre astronomique Émilie
Avec un vieux tablier noir,
Et la main d'encre encor salie;
Elle a laissé là son compas,
Et ses calculs et sa lunette;
Porte-lui vite à sa toilette
Ces fleurs qui naissent sur tes pas,
Et chante-lui, sur la musette,
Ces beaux vers, que l'amour répète,
Et que Newton ne connut pas.

(Il rend le papier à Saint-Lambert.)

Mme DU CHATELET.

Vos vers son jolis, comme tout ce que vous faites; mais je n'ai pas coutume de tremper mes doigts dans mon encrier.

VOLTAIRE.

Que voulez-vous? c'est la rime.

Mme DU CHATELET.

La rime! la rime est une sotte. Vous changerez cela, s'il vous plait. Je ne crois pas nécessaire que la postérité me voie avec des mains toutes noires.

VOLTAIRE.

Pas de colère! je vous obéirai.

* Les vers guillemettés peuvent se passer au théâtre pour donner plus de rapidité à la scène.

Mme DU CHATELET.

A la bonne heure. (A part.) En vérité, le calme de Saint-Lambert est étonnant!

VOLTAIRE.

Il faut que je vous quitte; mais c'est encore pour m'occuper de vous; je vais écrire à votre avocat de Bruxelles, et consoler ce brave homme qui se plaint que vous manquez de patience.

Mme DU CHATELET.

Je le lui conseille.

VOLTAIRE.

Il a raison, car enfin le procès dont il est chargé n'a encore que soixante-dix-sept ans.

SAINT-LAMBERT.

C'est un peu long.

VOLTAIRE.

Pour les plaideurs, oui... mais c'est bien court pour les avocats. A revoir donc, Mme la marquise!

Mme DU CHATELET.

Vous nous quittez?

VOLTAIRE.

Je ne tarderai pas à vous rejoindre, et je laisse près de vous quelqu'un pour vous tenir compagnie en ma place.

SAINT-LAMBERT.

Ah! qui oserait songer à remplacer Voltaire!

VOLTAIRE, bas à Mme du Châtelet.

N'oubliez pas ce que je vous ai dit; il y va de notre repos!

Mme DU CHATELET, bas à Voltaire.

Comment! vous voulez?...

VOLTAIRE, à demi-voix.

Un peu de coquetterie; cela vous coûte-t-il donc beaucoup?

AIR: Premier chœur de la Fiancée.

Une ruse est nécessaire.

Mme DU CHATELET.

Mais est-elle sans danger?
Je ne puis vous satisfaire.

VOLTAIRE.

Faites-le pour m'obliger.

ENSEMBLE.

Une ruse, etc.

SAINT-LAMBERT.

A l'aimer, comme à lui plaire,
Jamais je n'ai dû songer;
Et pourtant de sa colère
Je suis prêt à m'affliger.

(Voltaire sort en faisant des mines à Mme du Châtelet.)

SCÈNE X.

Mme DU CHATELET, SAINT-LAMBERT.

Mme DU CHATELET, à part.

Je me sens embarrassée et presque tremblante.

SAINT-LAMBERT.

Qu'avez-vous donc, madame? seriez-vous indisposée?

Mme DU CHATELET.

Non, monsieur.

SAINT-LAMBERT.

Je vous gêne, peut-être!

Mme DU CHATELET.

Non, monsieur.

SAINT-LAMBERT.

Accusez M. de Voltaire, madame, si je suis importun; c'est lui qui m'encourage dans mon indiscrétion.

Mme DU CHATELET.

M. de Voltaire ne sait rien... Il n'est pas toujours prudent de mettre nos meilleurs amis dans la confidence de certains secrets; n'est-il pas vrai, monsieur?

SAINT-LAMBERT.

Je ne vous comprends pas, madame.

Mme DU CHATELET, le regardant d'un air étonné, et reprenant avec une dignité sévère.

Monsieur, votre silence est peut-être la meilleure des excuses. Aussi, je veux bien vous promettre le plus entier oubli... C'est une espèce de pardon que vous méritez à peine.

SAINT-LAMBERT, stupéfait.

Mais, madame, le pardon est inutile quand il n'y a pas eu d'offense. Je ne fus jamais coupable envers vous.

Mme DU CHATELET.

Vous osez le dire?

SAINT-LAMBERT.

Je le jure.

Mme DU CHATELET, lui remettant la lettre.

Et cette lettre!

SAINT-LAMBERT.

Cette lettre? (Il la prend, la regarde avec surprise, puis sourit.) Non, madame, il n'y a pas eu d'offense.

Mme DU CHATELET.

Comment?

SAINT-LAMBERT, à demi-voix.

Veuillez pardonner une erreur bien involontaire; cette lettre qui a dû vous paraître si inconvenante...

Mme DU CHATELET.

Eh bien?

SAINT-LAMBERT.

Elle ne vous était pas destinée: je me suis trompé d'adresse.

Mme DU CHATELET, avec mauvaise humeur.

Ah!.. (D'un ton plus doux.) Pourquoi mentir?.. Maintenant que je vous ai grondé, je rirais volontiers d'une ruse de guerre qui n'est pas sans malice: il y a de pauvres femmes qui s'y laisseraient prendre.

SAINT-LAMBERT.

Qu'entends-je?

Mme DU CHATELET.

Oui; elles se diraient: Dieu! comme il sait aimer!.. Et l'imagination, ayant ainsi un champ ouvert, pourrait aller loin... (Avec beaucoup d'indulgence.) Si nous voulons rester bons amis, qu'il ne soit plus question d'une prétendue méprise dont je ne saurais être dupe.

SAINT-LAMBERT, étourdiment.

Mais je vous assure, madame, que vous l'êtes beaucoup plus que vous le pensez.

Mme DU CHATELET, riant.

Ceci a l'air d'une impertinence.

SAINT-LAMBERT.

Si je ne connaissais votre sévérité, je croirais que vous voulez vous amuser de moi, ou m'arracher mon secret.

Mme DU CHATELET.

Et s'il en était ainsi?

SAINT-LAMBERT.

J'appliquerais encore tous mes soins à vous cacher le nom de la personne qui devait lire cette lettre, et je souhaiterais que le hasard ne vous le fît pas découvrir.

Mme DU CHATELET, étonnée et mortifiée.

Eh quoi! il serait vrai? les bruits qui ont couru... ce serait pour la vicomtesse...

SAINT-LAMBERT, l'interrompant.

Oh! non, non, madame.

Mme DU CHATELET.

Comme vous rougissez!... (A part.) Était-ce donc pour elle!

SAINT-LAMBERT, à part.

Eh! mais, elle ne rit plus!

Mme DU CHATELET, très sèchement.

Si cela est, il vous sera difficile de m'expliquer, monsieur, comment mon nom s'est trouvé sous votre plume. Mais je ne veux pas d'explication, et je me retire pour n'en pas entendre davantage.

SAINT-LAMBERT, blessé.

C'est à moi, madame, de vous céder la place; je sors. Me sera-t-il permis au moins de prendre congé de vous avant de quitter le château?

Mme DU CHATELET, de très mauvaise humeur.

Cela ne me semble pas nécessaire.

SAINT-LAMBERT, à part.

C'est singulier! J'étais moins maltraité quand elle croyait la lettre pour elle.

Air de la Valse des Comédiens.

Adieu, madame, il faut que je vous quitte:
Vous obéir est ma première loi.
Puisqu'à présent mon aspect vous irrite,
Je dois partir... mais au moins plaignez-moi!
(A part.)
Le malheureux, que sa colère accable,
Est innocent... et le voilà banni!...
Il eut grand tort!... car, s'il était coupable,
Peut-être bien serait-il moins puni!

ENSEMBLE.

Adieu, madame, etc.

Mme DU CHATELET.

Adieu, monsieur, croyez-moi, partez vite,
Car m'obéir doit être votre loi;
Ne pensez pas que votre aspect m'irrite,
Mais je désire être seule chez moi.

(Il salue tristement et sort.)

SCÈNE XI.

Mme DU CHATELET, seule.

(Elle est très soucieuse pendant un moment.)

La vicomtesse! mais cette femme n'est pas jolie du tout. Et lui, il est si bien! Si je m'étais trompée? si cette lettre n'était pas pour elle? Il ne l'a pas avoué. Il s'est troublé, il est vrai; mais peut-être ma colère l'a-t-elle interdit? J'ai été bien sévère!... Qu'importent au reste et ses amours et mon indifférence?... Il part... Je ne le reverrai plus... Jamais il ne se présentera devant moi... Ses vers sont bien jolis!... je ne les entendrai plus!... Ils avaient tant de grace dans sa bouche!... c'est dommage. (Elle soupire, puis sourit.) Allons donc! à quoi vais-je penser!

AIR du Premier prix.

Son audace a dû me déplaire,
Et pourtant, je ne sais pourquoi,
Quand il s'éloigne, ma colère
Semble s'éteindre malgré moi.
L'imprudent m'avait irritée;
De ma haine il a craint l'effet,
Et pour jamais il m'a quittée!...
Je crois vraiment qu'il a bien fait.

Ah! qu'est ce bruit?

SCÈNE XII.

Mme DU CHATELET, VOLTAIRE, ramenant SAINT-LAMBERT.

VOLTAIRE.

Je ne le souffrirai point; vous ne partirez pas; il faut que vous restiez. A mon secours, madame la marquise! voici un fugitif que je ramène.

Mme DU CHATELET.

Que vous ramenez!

SAINT-LAMBERT.

Des affaires fâcheuses me forcent à un prompt départ.

VOLTAIRE.

Quelques heures de plus ou de moins ne feront rien, et vous ne partirez pas maintenant, je vous le jure. Madame la marquise, un mot, je vous prie!... Aidez-moi à le retenir.

SAINT-LAMBERT.

Si madame l'ordonnait...

VOLTAIRE.

Eh! oui, sans doute, elle l'ordonne; voilà qui est convenu. Moi, je vous quitte, car je viens d'être informé que la voiture de M. du Châtelet a été aperçue, et je vais au-devant de lui.

SAINT-LAMBERT.

M. du Châtelet!

Mme DU CHATELET.

Déjà!

VOLTAIRE, la prenant à part.

Oui, lui-même... Voyons, Émilie, un peu de complaisance! Souvenez-vous de ce que je vous ai dit tantôt: il sera parfait que le marquis vous trouve ensemble.

Mme DU CHATELET.

Encore une fois, Voltaire, réfléchissez...

VOLTAIRE.

Point d'objections, je vous en prie!

Mme DU CHATELET, à part.

Il le veut absolument!

VOLTAIRE.

Mon cher Saint Lambert, madame la marquise vous prie de lui tenir compagnie pendant mon absence.

SAINT-LAMBERT.

Je suis bien heureux!

VOLTAIRE.

A revoir! (A la marquise qui remonte le théâtre avec lui.) Ce sera une excellente plaisanterie, je vous assure.

Mme DU CHATELET.

Peut-être.

SAINT-LAMBERT, à part, sur le devant.

Je crois que tantôt je me suis conduit comme un écolier: tâchons de réparer ma gaucherie.

Mme DU CHATELET, revenant en scène.

Dans quelle situation il me place!

SAINT-LAMBERT, la regardant furtivement.

C'est qu'en vérité elle est charmante!

SCÈNE XIII.

Mme DU CHATELET, SAINT-LAMBERT.

(Ils se regardent un instant sans rien dire; ils semblent embarrassés tous deux.)

SAINT-LAMBERT.

Je regrette, madame, qu'on vous ait forcée à me revoir: ma présence vous déplait peut-être?

Mme DU CHATELET.

Me déplaire!... non.

SAINT-LAMBERT.

Alors, vous m'éloigniez par égard pour moi!.. Vous vouliez sûrement me défendre contre le danger d'une pareille entrevue, et contre les suites qu'elle peut avoir pour moi.. pour moi seul?

Mme DU CHATELET, riant.

Vous êtes modeste, et vous me prêtez de singulières délicatesses!... Car, après ce que je sais, aucune crainte de ce genre ne pourrait me venir à l'esprit; et, en vérité, il me semble que le hasard m'ayant révélé vos secrets, vous feriez bien, pour passer le temps que nous avons à être ensemble, de me donner toute votre confiance.

SAINT-LAMBERT.

Vous croyez, madame?

Mme DU CHATELET.

Oui; tenez, asseyons-nous. (Ils s'asseyent à droite, chacun sur un fauteuil; d'abord loin l'un de l'autre.) Il est si doux de parler de ce qu'on aime; et je vous écouterais avec tant d'intérêt!

SAINT-LAMBERT, tendre et enjoué pendant toute la scène.

Si pourrais-je le penser?

Mme DU CHATELET, gracieuse et coquette.

Vous l'aimez donc beaucoup?

SAINT-LAMBERT.

De qui parlez-vous, madame?

Mme DU CHATELET.

L'auriez-vous oublié?

SAINT-LAMBERT.

Si votre pensée va au-delà de ce salon, je ne vous comprends plus.

Mme DU CHATELET, minaudant un peu.

Si elle y reste enfermée, je ne veux plus vous comprendre.

SAINT-LAMBERT.

Près de vous, le moyen de parler d'autre chose?

Mme DU CHATELET.

Et le danger de parler de celle-là?

(En causant elle s'est un peu rapprochée de Saint-Lambert.)

SAINT-LAMBERT.

Le danger!... pour moi... comme je vous le disais tout à l'heure.

Mme DU CHATELET, se reculant un peu, et tâchant de détourner la conversation.

Nous en étions à la confidence que vous deviez me faire, et que cette lettre...

SAINT-LAMBERT.

Cette lettre?... la voilà.

Mme DU CHATELET.

Eh bien! vous ne l'envoyez donc pas?

SAINT-LAMBERT, riant.

On n'a pas voulu la recevoir.

Mme DU CHATELET, riant.

Mais je parle de sa vraie destination.

SAINT-LAMBERT.

Elle y a été si mal reçue qu'il a bien fallu lui en inventer une autre.

Mme DU CHATELET, souriant.

Ah!... vous mentiez tantôt, ou vous mentez à présent.

SAINT-LAMBERT.

Le temps, dit-on, découvre les grandes vérités!... Puisse-t-il me donner les moyens de prouver celle-ci!

Mme DU CHATELET.

Cela serait peut-être long?

SAINT-LAMBERT.

Je le crains! car ce n'est pas le sentiment qu'inspire une femme, mais celui qu'elle éprouve qui la persuade.

Mme DU CHATELET, reprenant un ton plus grave, et se reculant encore.

Malgré votre folie, que les mœurs de notre temps excusent un peu, je pense qu'il vous reste assez de raison pour m'entendre!... Comment de semblables moyens de réussir peuvent-ils être tentés? Comment un homme peut-il supposer qu'on croira à un amour si subit, et qu'on le partagera si promptement?

SAINT-LAMBERT.

Et pourquoi pas, madame?

Air de Téniers.

Oui, croyez-moi, cette céleste flamme,
Un seul instant suffit pour l'allumer!

Mme DU CHATELET.

Mais le temps seul peut convaincre une femme.

SAINT-LAMBERT.

On perd le temps qu'on passe sans aimer.
Par des rigueurs ou par l'indifférence
Pourquoi blesser un cœur vraiment épris?
Ah! sans pitié peut-on voir sa souffrance?

Mme DU CHATELET.

Ne doit-on pas redouter son mépris?

SAINT-LAMBERT.

Du mépris!... Et pourquoi?... Estimer une femme parce qu'elle cache plus long-temps ce qu'elle éprouve, ou la mépriser parce qu'elle est confiante dans celui qu'elle aime!... Je ne vous comprends pas, en vérité... Et vous, madame, qui parliez de confidences, tenez, j'ai bien envie de vous demander à mon tour celle de vos sentimens... Cet illustre ami... ce Voltaire...

Mme DU CHATELET.

Je vous arrête!... Pour peu que vous connaissiez les femmes, vous savez qu'il faut les attendre sur les confidences... Et pourtant, je me sens du plaisir à causer avec vous de ce que le cœur a de plus intime... et je vous répéterai ce que je vous disais tout à l'heure : l'amour ne m'a jamais paru excusable que lorsque le temps et une connaissance approfondie du caractère peuvent rassurer sur les sentimens qu'on inspire.

SAINT-LAMBERT.

Ce que vous dites là ne peut s'appliquer qu'à l'amitié.

Mme DU CHATELET.

Comment?

SAINT-LAMBERT.

L'estime et le temps font naître l'amitié... mais, je vous le répète, l'amour... il naît de lui-même.

Mme DU CHATELET.

Non, monsieur de Saint-Lambert; on se convient d'abord par l'esprit, les idées se rapprochent; les cœurs s'entendent...

SAINT-LAMBERT.

Oui... dans l'amitié!.. (Avec beaucoup de chaleur et d'intention.) Mais l'amour produit dès le premier instant un mouvement dont la cause nous est inconnue... Il nous entraîne vers un objet qui nous enchante... même avant de savoir si ce que nous éprouvons est partagé.

Mme DU CHATELET, se rapprochant involontairement à mesure que la conversation s'anime. Avec un peu de trouble et d'émotion.

Il me semblait pourtant que le plaisir qu'on trouve à se voir, le goût des mêmes études, l'habitude d'échanger ses idées, formaient seuls des liens durables.

SAINT-LAMBERT, avec chaleur.

Vous parlez toujours de l'amitié!... L'amour fait éprouver, dès la première vue, une impression aussi forte qu'elle est rapide.

Mme DU CHATELET, le regardant avec trouble.

Vous croyez?

SAINT-LAMBERT, avec intention.

J'en suis sûr.

Mme DU CHATELET.

Quoi! l'amour pourrait naître ainsi?.. Et, presque sans se connaître...

SAINT-LAMBERT, vivement.

L'amour arrange si bien et si promptement les choses, qu'on se trouve du même avis sans pouvoir le plus souvent dire ni l'un ni l'autre comment cela s'est fait.

Mme DU CHATELET, riant.

En vérité, on ne devrait pas être responsable d'un sentiment qui vient ainsi à notre insu!

SAINT-LAMBERT, avec chaleur.

Et qui donne des émotions si vives que la plus légère de ses faveurs... (Il lui prend la main.) Cette main, que j'ose toucher malgré vous, cause à mon âme des plaisirs tels que cette froide amitié, dont vous parliez tout à l'heure, ne saurait ni les imaginer, ni les comprendre.

Mme DU CHATELET, troublée.

Mais vraiment... monsieur de Saint-Lambert!..

SAINT-LAMBERT, très pressant.

Oui, la raison ne peut rien sur ces émotions si promptes; on dit, on écrit ce qu'on voudrait cacher... On risque de déplaire.. (Très tendrement.) On déplait peut-être... quand on donnerait sa vie pour faire partager ce qu'on ressent.

Mme DU CHATELET, émue.

Ah! les femmes mettent souvent à cacher ce qu'elles éprouvent autant de soin que les hommes en prennent pour exprimer ce qu'ils n'éprouvent pas.

SAINT-LAMBERT, lui baisant la main avec transport.

Je suis bien heureux!

Mme DU CHATELET, effrayée.

Qu'ai-je donc dit?

SAINT-LAMBERT.

Oh! laissez-moi espérer que ces mots viennent d'échapper à votre cœur! N'appelez pas contre moi cette sévère raison...

Mme DU CHATELET, soupirant.

Que vous savez si bien faire disparaître.

SAINT-LAMBERT.

Que je voudrais vous faire oublier.

Mme DU CHATELET, riant.

Le moyen de penser à quelque chose auprès de vous?

SAINT-LAMBERT.

Il vaut mieux sentir que penser.

Mme DU CHATELET, fort troublée.

Saint-Lambert!...

SAINT-LAMBERT, pressant sa main sur son cœur.

Comme il bat vite!

Mme DU CHATELET, à part.

Hélas! le mien aussi.

SAINT-LAMBERT.

Un mot!... un seul!...

Mme DU CHATELET.

Que voulez-vous?

SAINT-LAMBERT.

Votre cœur m'a-t-il entendu? Parlez! c'est la vie que j'attends! Parlez!

(Mme du Châtelet très émue ne répond pas; mais, par un mouvement brusque, elle pose la main de Saint-Lambert sur son cœur.)

SAINT-LAMBERT, avec transport.

Il est à moi!... Un gage de mon bonheur?

Mme DU CHATELET, se levant avec une sorte de crainte.

Ah! j'en ai déjà trop dit!

SAINT-LAMBERT.

Je vous en conjure!

Mme DU CHATELET, très troublée.

Quoi?

SAINT-LAMBERT.

S'il est vrai que mes vœux aient été entendus...

Mme DU CHATELET, tâchant de se remettre et de plaisanter.

Que voulez-vous dire? En vérité, vous êtes fou! Je devrais me fâcher; mais tout ceci n'est qu'une plaisanterie, un badinage sans conséquence... Je l'espère.

SAINT-LAMBERT.

Oh! ne rétractez pas de plus douces paroles!

Mme DU CHATELET.

J'entends quelqu'un...

SAINT-LAMBERT.

Et je ne saurai pas mon sort?

VOLTAIRE, en dehors.

Par ici, monsieur le marquis! c'est là que madame la marquise est occupée à travailler.

Mme DU CHATELET.

C'est lui!...

SAINT-LAMBERT, très vite.

On vient!.. cette bague?...

Mme DU CHATELET.

Eh bien?

SAINT-LAMBERT.

Donnez-la-moi, si mes vœux sont exaucés!

Mme DU CHATELET.

Silence!...

SCÈNE XIV.

Mme DU CHATELET, VOLTAIRE, LE MARQUIS DU CHATELET, SAINT-LAMBERT puis DUBOIS.

LE MARQUIS, en entrant.

Madame la marquise, je suis votre humble serviteur. Quel diable de travail vous a donc empêchée de venir au devant de moi?

Mme DU CHATELET.

Je ne m'attendais pas à votre arrivée, monsieur: si vous m'aviez prévenue...

LE MARQUIS.

Ah! ah! c'est monsieur de Saint-Lambert!

SAINT-LAMBERT.

Permettez-moi, monsieur le marquis, de vous offrir mes hommages.

VOLTAIRE, à part.

Il a l'air déconcerté! Bravo! elle a bien joué son rôle.

LE MARQUIS.

Ah! çà, mais vous n'êtes pas un savant, vous, Saint-Lambert, et je serais curieux d'apprendre de quelle science on peut parler avec un officier de dragons?

VOLTAIRE, bas à la marquise.

Cela va très bien.

SAINT-LAMBERT.

Mais, monsieur le marquis...

LE MARQUIS.

Oui, je ne vous cache pas que cela pique ma curiosité.

Mme DU CHATELET.

Vous n'ignorez pas que M. de Saint-Lambert s'occupe de poésie avec succès.

LE MARQUIS.

De poésie!.. ah! c'est vrai; mais il me semble que c'est dans la solitude qu'on fait des vers: on ne compose pas à deux.

VOLTAIRE.

Eh! mon Dieu, oui.

LE MARQUIS.

Vous croyez?

VOLTAIRE.

Sans doute; c'est un usage déjà fort ancien.

AIR: Je loge au premier étage.

Seul, un poëte hésite et tremble
De risquer de faibles essais;
On double, en travaillant ensemble,
Et le talent et le succès:
On se soutient, on s'encourage
Dans ce chemin si hasardeux...
Et même il est plus d'un ouvrage
Qu'on ne peut bien faire qu'à deux.

LE MARQUIS.

A la bonne heure, cela vous regarde plus que moi. Eh bien! madame, (Avec un peu d'ironie.) ces sciences, ces travaux auxquels vous vous consacrez exclusivement vous ont ils fait faire quelques découvertes nouvelles?

Mme DU CHATELET.

Ce sujet vous intéresse peu, monsieur; et je suppose qu'un objet plus important vous a ramené dans ce château.

LE MARQUIS.

J'y suis venu pour m'instruire à fond d'une affaire assez embarrassée, et qui me semble à présent moins claire que jamais.

VOLTAIRE, bas à Mme du Châtelet.

Voyez-vous? Il prend le change.

Mme DU CHATELET, avec une sorte de dédain.

Et cette affaire me sera-t-elle communiquée?

LE MARQUIS.

C'est selon. Depuis combien de temps avons-nous l'avantage de posséder à Cirey M. de Saint-Lambert?

Mme DU CHATELET.

Depuis cinq jours seulement.

LE MARQUIS, haut.

Cinq jours! (A part.) Ce n'est pas lui.

VOLTAIRE.

Pendant ce temps, j'ai achevé le mémoire pour votre avocat; car Saint-Lambert ayant sans cesse à consulter madame...

LE MARQUIS, à part.

Ah! c'est peut-être lui.

VOLTAIRE.

Et si vous voulez en venir prendre connaissance, nous laisserons Saint-Lambert et Mme la marquise achever ce qu'ils ont commencé: je gagerais que nous les avons dérangés.

LE MARQUIS, à part.

Allons, décidément c'est lui: et j'étais un sot de soupçonner Voltaire.

Mme DU CHATELET, à part.

Chacune de ses paroles me met à la torture.
(Elle va s'asseoir, et prend un livre.)

SAINT-LAMBERT, à part.

Que va devenir tout cela?

LE MARQUIS, bas à Voltaire.

Mais, mon ami, regardez-les donc. Le diable m'emporte si c'est de sciences qu'ils s'occupaient!

VOLTAIRE, à part.

Il est pris! (A demi-voix au marquis.) Allons donc, monsieur le marquis, quelles idées avez-vous? Fi donc! un homme de qualité!

LE MARQUIS, de même.

Mais enfin c'est ma femme!

VOLTAIRE, de même.

Raison de plus! (A part.) Nous sommes sauvés.

DUBOIS, entrant.

Un homme d'affaires désire parler à monsieur le marquis.

LE MARQUIS.

Comment! à peine arrivé...

DUBOIS.

Il dit que c'est pour un objet important.

LE MARQUIS.

J'y vais. (Dubois sort.—A Voltaire.) Je ne voudrais pourtant pas les laisser ainsi.

VOLTAIRE, à demi-voix.

Je crois que vous êtes dans l'erreur; mais, si vous avez quelque crainte, je vais rester avec eux.

LE MARQUIS, de même.

Excellent ami! ne les quittez pas.

VOLTAIRE, le conduisant.

Comptez sur moi.

(Pendant qu'il va jusqu'au fond en parlant bas au marquis, Saint-Lambert s'est rapproché de Mme du Châtelet.)

SAINT-LAMBERT, à demi-voix.

Avez-vous oublié ma prière? Cette bague...

Mme DU CHATELET, de même.

Oh! jamais! jamais!

SCÈNE XV.

Mme DU CHATELET, SAINT-LAMBERT, VOLTAIRE.

VOLTAIRE, revenant.

Tout va bien! (Il remarque que Mme du Châtelet et Saint-Lambert parlent bas.) Eh mais! ils se sont bien vite rapprochés .. (Haut.) Pardon, si je dérange votre tête-à-tête; mais à présent...

SAINT-LAMBERT.

Voltaire peut-il jamais être importun?

VOLTAIRE, les examinant.

Qui sait?

Mme DU CHATELET.

Que voulez-vous dire?

VOLTAIRE.

Oh! rien. (A part.) Elle me semble émue! diable! diable!

Mme DU CHATELET, passant entre Voltaire et Saint-Lambert.

Pourquoi ces réticences?... qu'avez-vous?

VOLTAIRE.

Je réfléchissais... excusez ma préoccupation. (A part.) Est-ce bien le marquis qu'on trompe?

Mme DU CHATELET, à part.

Il a l'air inquiet.

VOLTAIRE, à part.

Je crois qu'il est temps d'arrêter tout cela.

SAINT-LAMBERT.

J'attends que monsieur de Voltaire veuille bien me faire savoir...

VOLTAIRE, ironiquement.

Ah! jeune homme, il me semble que vous ne vous êtes pas fait prier.

SAINT-LAMBERT.

Prier!... de quoi?

Mme DU CHATELET, à part.

Que va-t-il faire? (Haut.) Mon ami...

VOLTAIRE, à Mme du Châtelet.

Tout s'est passé à merveille comme nous en étions convenus?

Mme DU CHATELET.

Mais en vérité, Voltaire!...

SAINT-LAMBERT.

Je ne comprends pas.

VOLTAIRE.

Ah! madame ne vous a donc pas instruit?

SAINT-LAMBERT.

Encore une fois, de quoi?

Mme DU CHATELET.

Qu'allez-vous dire?

VOLTAIRE.

Ce que peut-être vous auriez dû dire vous-même.

SAINT-LAMBERT.

Veuillez vous expliquer.

VOLTAIRE.

C'est ce que j'ai de mieux à faire.

Mme DU CHATELET, à part.

Je tremble!

VOLTAIRE.

Écoutez-moi: Deux personnes vivaient dans une agréable retraite, loin des sots et des méchans qui peuplent ce monde.

Mme DU CHATELET, à part.

Horrible situation!

VOLTAIRE.

L'envie, toujours active, trouve le moyen de leur envoyer un jaloux, un importun, maussade, bourru... comme nous en connaissons tous.

SAINT-LAMBERT.

Qu'entends-je?

Mme DU CHATELET, à Voltaire.

Mais vous êtes fou!

VOLTAIRE.

Non. Il est inutile de prolonger cette plaisanterie; d'ailleurs elle a réussi.

SAINT-LAMBERT.

Ah!...

VOLTAIRE.

Oui. Faites bien attention!

SAINT-LAMBERT, avec intention.

Oh! j'écoute.

VOLTAIRE.

Qu'imaginent les deux personnes en question? De détourner sur un tiers des inquiétudes dangereuses.

Mme DU CHATELET.

Arrêtez!

SAINT-LAMBERT.

Permettez, madame, qu'il continue... Je commence à comprendre.

Mme DU CHATELET, bas à Saint-Lambert d'un ton de tendre reproche.

Saint-Lambert!...

VOLTAIRE.

Or donc, cet importun...

SAINT-LAMBERT.

C'est M. du Châtelet.

VOLTAIRE.

Et cet ami, dont on se sert pour écarter le danger...

SAINT-LAMBERT, avec un sourire forcé.

C'est moi.

VOLTAIRE.

Vous l'avez dit.

SAINT-LAMBERT, bas à la marquise avec colère et dédain.

Vous m'avez joué.

Mme DU CHATELET, à part.

Que va-t-il penser de moi?

VOLTAIRE.

Le succès a couronné nos espérances : recevez maintenant tous nos remercîmens, mon cher Saint-Lambert.

Mme DU CHATELET.

Ne croyez donc rien de tout cela; c'est une folie.

SAINT-LAMBERT.

Qui me paraît très vraisemblable.

Mme DU CHATELET, à part.

Il me méprisera!... il souffre! Et moi!...

VOLTAIRE.

Mais, madame, en bonne conscience, vous auriez dû l'instruire.

SAINT-LAMBERT.

Je n'aurais peut-être pas si bien joué mon rôle... Pour madame, elle s'est acquittée du sien à merveille.

VOLTAIRE.

Sans doute; mais, en la supposant de bonne foi, votre pauvre cœur pouvait se laisser prendre.

SAINT-LAMBERT, avec aigreur.

Oh!... je ne m'y suis pas trompé.

Mme DU CHATELET, à part.

Malheureuse!...

VOLTAIRE.

A la bonne heure... Je n'en ai pas moins accompli un acte de charité en vous mettant au fait.

SAINT-LAMBERT.

J'en suis reconnaissant.

Mme DU CHATELET, avec colère, à part.

Voltaire m'a contrainte à rougir!

SAINT-LAMBERT, bas à Mme du Châtelet.

Que de fausseté!

Mme DU CHATELET, bas.

Non, il n'y eut point de fausseté.

SAINT-LAMBERT.

Je suis charmé d'avoir pu vous être utile, et je ne m'étonne plus qu'on m'ait retenu tantôt quand j'étais prêt à partir: maintenant que tout est fini, que vous n'avez plus besoin de moi, vous me permettrez de prendre à l'instant même congé de vous.

Mme DU CHATELET, à part.

Grand Dieu!

VOLTAIRE, le ramenant au milieu.

Non pas, vraiment. Restez... au moins jusqu'à ce soir; c'est nécessaire à votre rôle.

SAINT-LAMBERT.

Ah!

VOLTAIRE.

Il faut que ce soit le marquis lui-même qui vous congédie.

SAINT-LAMBERT.

En vérité!... Est-ce l'avis de madame?

Mme DU CHATELET.

Monsieur!... (A part.) Tout, plutôt que son mépris!

SAINT-LAMBERT, avec une ironie aigre.

Rien ne me coûtera pour la servir.

VOLTAIRE, à part.

Il est furieux... J'ai bien fait de parler; je crois qu'il était temps!

Mme DU CHATELET, bas à Saint-Lambert.

Saint-Lambert!...

SAINT-LAMBERT, bas.

Eh bien!

Mme DU CHATELET, bas.

Cette bague!...

(Mme du Châtelet lui glisse la bague dans la main.)

SAINT-LAMBERT, avec joie.

Ah!...

VOLTAIRE, à part.

Bon! les voilà brouillés à tout jamais! (Haut.) Vous comprenez, mon ami, que notre reconnaissance vous est acquise pour toujours.

SAINT-LAMBERT.

Trop heureux de vous être agréable!.. Mais je conçois que mon rôle n'est pas achevé; j'espère m'acquitter du reste à votre satisfaction.

VOLTAIRE.

Merci, mon cher Saint-Lambert!

SAINT-LAMBERT.

Oh! il n'y a pas de quoi.

Mme DU CHATELET.

Il eût mieux valu sans doute ne pas commencer, et si l'on m'avait écoutée, cet inconvenant badinage n'aurait jamais eu lieu... Mais vous l'avez voulu... Adieu, je vous laisse, et je rentre dans mon appartement.

(Mme du Châtelet sort par la porte de droite, et Saint-Lambert sort par le fond.)

SCÈNE XVI.

VOLTAIRE, seul.

Bravo! ils sont irrités tous deux!... c'est juste; mais il n'y avait pas un moment à perdre!... Diable! ce piége préparé par moi-même, il me semble qu'un instant plus tard je pouvais y tomber... Et que sais-je? à présent encore... Oh! non, non; ils se sont retirés chacun de son côté... Et pourtant, je ne suis pas tranquille. Ah! mon Dieu!... son appartement a une porte sur le parc... Qu'est-ce donc?... me voilà jaloux comme Orosmane!... J'ai tort, j'ai tort... peut-être!... Je connais le cœur humain, dit-on... je le peins dans mes ouvrages... Mais les femmes! les femmes! qui les devinera?

Air du Passe-partout.

Où rencontrer l'OEdipe secourable
Qu'en nos chagrins nous puissions invoquer?
Et cette énigme indéchiffrable,
Qui tentera de l'expliquer?
Jamais leur cœur à nos yeux ne se livre,
On a beau faire, et tel qui se flattait
De lire enfin couramment dans ce livre,
Voit qu'il en est encore à l'alphabet.

Allons, je veux examiner. Ah! voici le marquis!

SCÈNE XVII.

VOLTAIRE, LE MARQUIS DU CHATELET.

LE MARQUIS.

C'est vous, mon cher Voltaire!... vous êtes seul? où donc est ma femme?

VOLTAIRE.

Chez elle.

LE MARQUIS.

Et Saint-Lambert?

VOLTAIRE.

Je ne sais.

LE MARQUIS.

Vous vous taisez!... Ah! je sais tout, moi!

VOLTAIRE.

Quoi donc!

LE MARQUIS.

Ils sont ensemble.

VOLTAIRE, vivement.

Vous croyez?... Oh! non!

LE MARQUIS.

Je le gagerais.

VOLTAIRE.

Vous perdriez.

LE MARQUIS.

Je gagnerais.

VOLTAIRE, à part.

Il a une assurance qui m'effraie.

LE MARQUIS.

Pensez-vous donc que je n'ai rien vu?... La marquise m'a fort mal reçu à mon arrivée.

VOLTAIRE.

Il peut y avoir chez Mme du Châtelet un mouvement d'impatience, de dépit.

LE MARQUIS.

Du dépit!... et pourquoi?

VOLTAIRE.

Vous arrivez à l'improviste, sans vous faire annoncer, comme un jaloux.

LE MARQUIS.

Mais c'est que je le suis.

VOLTAIRE.

Jaloux!... vous?

LE MARQUIS.

Oui!... et, s'il faut vous dire toute la vérité.. vous me pardonnerez, n'est-ce pas?

VOLTAIRE.

Quoi? qu'y a-t-il?

LE MARQUIS.

Une idée absurde, dont je me repens bien maintenant, et qui n'avait pas le sens commun.

VOLTAIRE.

Mais encore?... expliquez-vous.

LE MARQUIS.

Eh bien! quand je suis revenu, c'est sur vous que se portaient mes soupçons.

VOLTAIRE.

Sur moi!

LE MARQUIS.

Oui. C'était bien ridicule, n'est-il pas vrai?

VOLTAIRE.

En effet.

LE MARQUIS.

Jaloux! de vous! d'un philosophe, d'un poète qui travaille tout le jour, et souvent même toute la nuit! c'est une extravagance! vous n'avez pas le temps de songer à ces folies-là!

VOLTAIRE.

Bah!...

LE MARQUIS.

Oh! à cet égard, la réputation des poètes est établie.

Air : Vaudeville de la Somnambule.

Non, non, messieurs, des cœurs comme les vôtres
Pour les amours ne sont pas faits;
Vous étudiez chez les autres
Les passions et leurs effets.
L'amour ne saurait vous atteindre;
Votre travail vient vous en préserver...
Car, dans vos vers, vous passez à le peindre
Le temps qu'un autre emploie à le prouver.

VOLTAIRE.

C'est possible.

LE MARQUIS.

C'est certain!... Et puis, mon cher Voltaire, nous ne sommes plus dans l'âge des étourderies.

VOLTAIRE, à part.

J'ai peur qu'il n'ait raison.

LE MARQUIS.

Mais Saint-Lambert!... oh! c'est bien différent.

VOLTAIRE.

C'est un poète aussi!

LE MARQUIS.

Il fait des vers, c'est vrai... mais en amateur!... C'est mieux qu'un poète, c'est un officier de dragons; je sais ce que c'est, moi... nous autres marquis, voyez-vous... Croyez-moi, mon cher, Saint-Lambert est dangereux.

VOLTAIRE, à part.

A qui le dit-il?

LE MARQUIS.

Si un malheur n'est pas arrivé, je suis sûr qu'il ne s'en faut guère.

VOLTAIRE, avec effroi.

Vous pensez?

LE MARQUIS.

Je m'y connais... et je vous en réponds.

VOLTAIRE, vivement.

Mais alors il faudrait...

LE MARQUIS.

Un peu de patience, mon ami... Comme vous le disiez tout à l'heure, il n'y a peut-être que du dépit.

VOLTAIRE.

Et si cela menait trop loin?

LE MARQUIS.

Moi, je ne suis pas un savant, voyez-vous; mais on dit que les femmes ont une imagination qui va quelquefois bien vite.

VOLTAIRE, faisant un mouvement pour sortir.

Il faut donc se presser de les suivre.

LE MARQUIS, l'arrêtant.

Un moment!... que diable! vous voilà plus emporté que moi... Écoutez : j'ai imaginé une bonne ruse; je suis le colonel de Saint-Lambert.

VOLTAIRE.

Oui; eh bien?

LE MARQUIS.

Eh bien! je vais lui donner l'ordre de rejoindre son régiment dès demain.

VOLTAIRE.

Vous ne pourriez pas le lui donner pour ce soir?

LE MARQUIS.

Pour ce soir!... Vous avez raison, c'est encore mieux. Tenez, je vais l'écrire, ici.

(Le marquis écrit à la table, Voltaire se penche derrière son siége et regarde ce qu'il écrit.)

VOLTAIRE.

C'est très bien comme cela!

LE MARQUIS.

N'est-il pas vrai?

(En ce moment Saint-Lambert arrive par le fond, et Mme du Châtelet sort de son appartement.)

VOLTAIRE.

Ah!... (A part.) Étaient-ils ensemble?

SCÈNE XVIII.

LE MARQUIS, VOLTAIRE, Mme DU CHATELET, SAINT-LAMBERT.

LE MARQUIS, assis à la table.

Vous arrivez à propos, monsieur de Saint-Lambert : j'aurais vivement désiré vous garder chez moi plus long-temps; mais des ordres que je reçois de Paris me forcent à vous faire partir à l'instant même pour Lunéville, où vous remettrez des dépêches à votre général.

Mme DU CHATELET, à part.

Ah!...

SAINT-LAMBERT.

Je suis prêt, monsieur le marquis.

VOLTAIRE, bas au marquis.

Il n'hésite pas!... Je crois que nous pouvons être tranquilles.

SAINT-LAMBERT, avec une émotion contrainte.

Veuillez, madame, recevoir mes adieux.

(Le marquis cachette des dépêches sur la table.)

VOLTAIRE, bas à Saint-Lambert.

Tout a réussi; je vous demande pardon, mon ami, cette fois vous n'avez pas eu le beau rôle.

SAINT-LAMBERT, souriant.

Il n'y a pas de mauvais rôle pour un bon acteur.

VOLTAIRE.

Et vous avez bien joué le vôtre.

SAINT-LAMBERT.

De mon mieux.

(Le marquis fait signe à Voltaire d'aller vers lui, et lui montre ses dépêches.)

SAINT-LAMBERT, bas à la marquise.

J'ai eu un beau jour!

Mme DU CHATELET.

Il n'aura pas de lendemain.

LE MARQUIS, donnant les dépêches à Saint-Lambert.

Prenez, monsieur de Saint-Lambert, et bon voyage!

Mme DU CHATELET, au marquis.

Votre mauvaise humeur ne m'a point échappé, monsieur; mais à présent vous serez tranquille sans doute?... Et vous, monsieur de Voltaire, vous êtes content?

VOLTAIRE, prenant Saint-Lambert et le marquis par la main.

Nous le sommes tous!

FIN DE MADAME DU CHATELET.

NOTA.—Toutes les indications de droite et de gauche doivent être prises relativement aux spectateurs. Les personnages sont placés en tête de chaque scène comme ils doivent l'être au théâtre.

Imprimerie de Boulé et Comp., rue Coq-Héron, N. 3.

LIVRES A TRÈS BON MARCHÉ

Chez Ch. TRESSE,

ACQUÉREUR DES FONDS DE J.-N. BARBA ET V. BEZOU,

Palais-Royal, derrière le Théâtre-Français.

Les personnes qui prendront pour 50 fr. et au dessus, recevront leurs commandes franches de port et d'emballage dans toute la France. — Les envois sont suivis en remboursement.

Œuvres d'Elzéar Blaze.

CHASSEUR (le) CONTEUR, ou *les chroniques de la chasse*, contenant des histoires, des contes, des anecdotes, et par-ci, par-là, quelques hableries sur la chasse, depuis Charlemagne jusqu'à nos jours, 1 vol. in-8. 7 fr. 50 c.

CHASSEUR (le) au chien d'arrêt, contenant les habitudes, les ruses du gibier, l'art de le chercher et de le tirer, le choix des armes, l'éducation des chiens, leurs maladies, etc., 2e édition, Paris, 1837. 7 fr. 50 c.

La première édition de ce livre instructif et amusant a été épuisée en six mois.

CHASSEUR (le) au chien courant, contenant les habitudes, les ruses des bêtes, l'art de les guetter, de les juger, de les détourner, de les attaquer, de les tirer ou de les prendre de force; l'Éducation du limier, des chiens courans, leurs maladies, etc., 2 vol. in-8. 15 fr.

CHASSEUR (le) aux filets, ou la Chasse des dames, contenant les habitudes, les ruses des petits oiseaux, leurs noms vulgaires et scientifiques; l'art de les prendre, de les nourrir et de les faire chanter en toute saison; la manière de les engraisser, de les tuer et de les manger; 1 vol. in-8. 7 fr. 50 c.

ALMANACH (l') des Chasseurs, contenant les opérations cynégétiques de chaque mois de l'année, des pronostications faites suivant les calculs du savant Mathieu Lænsberg, des anecdotes sur la chasse, la vie miraculeuse de saint Hubert, patron des chasseurs, 1 vol. in-18, 1839. 1 fr.

VIE (la) militaire sous l'Empire, ou Mœurs de la garnison, du bivouac et de la caserne, 2 vol. in-8. 15 fr.

ÉPITRE EN VERS, à Bouffé, artiste du théâtre du Gymnase, par Arnal, acteur du théâtre du Vaudeville. 1 vol. in-8. imprimé sur papier *vélin*. 3 fr.

TRAITÉ de vénerie et de chasse, par Goury de Champgrand. Paris, 1769, 1 vol. in-4, fig. 6 fr.

ABRÉGÉ des antiquités nationales, ou Recueil de monumens pour servir à l'histoire de France, par Millin, 4 vol. in-4, 250 planches, 1837. 30 fr.

CHASSE (la) au fusil, par Magné de Marolles, 1 vol. in-8. 5 fr.

CHEFS-D'ŒUVRE de Châteaubriand : Génie du Christianisme, 3 vol. in-8; les Martyrs, 2 vol., — René et Atala, 1 vol. in-8; grand-raisin vélin, grand papier, 3 fr. le vol. au lieu de 15 fr.

Chaque ouvrage se vend séparément.

COLLECTION de 104 portraits des hommes illustres des 17e et 18e siècles, dessinés et gravés par Edeling, etc., et une notice sur chacun d'eux, par Perrault, 2 vol. in-folio, cartonné en un vol., par Bradel, 12 fr., broché, 10 fr.

COLLECTION de Mémoires sur la Révolution de 89; par Necker, 4 vol. De Bouillé, 2 vol. Précis et Tableau par Rabault de St-Étienne et Norvins, 2 vol. Prise de la Bastille par Dussaulx, 1 vol. Tiers-État, par Boissy d'Anglas, 1 vol. Louvet, auteur de Faublas, 2 vol. En tout, 12 vol. in-18. 15 fr.

COURS complet d'instruction à l'usage de la jeunesse, par Galland, 6 très forts vol. in-12, ornés de 69 pl. 5 fr.

DESCRIPTION des pierres gravées du cabinet du duc d'Orléans, au nombre de 173 planches et un portrait, 2 vol. pet. in-fol. Au lieu de 120 fr., net, 12 fr.; cartonné à la Bradel. 15 fr.

Cette description, dont le premier volume a été fait par l'abbé Armand, le deuxième par Lachaud et Leblond, explique, reproduit la plus belle collection connue en ce genre d'antiquités. Trois hommes d'esprit se sont associés pour nous faire connaître les trésors que renfermait un des plus curieux cabinets de l'Europe : leur livre offre la lecture la plus piquante et la plus instructive. Jusqu'ici le prix élevé de cet ouvrage ne lui avait laissé accès que dans quelques rares bibliothèques; aujourd'hui le prix auquel il est coté les lui ouvre toutes.

DICTIONNAIRE étymologique de la langue française, par Ménage. 3 vol. in-folio. Ancien prix, 72 fr.; 21 fr. broché, et demi-reliure en 2 vol. 30 fr.

DICTIONNAIRE de l'Académie française, revu et corrigé par elle-même. 2 vol. in-4. 5e édit., 1835, et supplément. 10 fr.

DICTIONNAIRE des Beaux-Arts, par Millin, de l'Institut, conservateur des médailles des bibliothèques et professeur d'antiquités, etc., 6 vol. in-8, au lieu de 42 fr. 12 fr.

DICTIONNAIRE philosophique de Voltaire, 8 très forts vol. in-12, beau papier. 8 fr.

— *Idem*, 9 vol. in-18, gr. raisin vélin. Doyen, 1820. 8 fr.

Chaque volume de cette édition a coûté 2 fr. de fabrication.

ÉPHÉMÉRIDES universelles, ou Tableau politique, littéraire, scientifique ou anecdotique, représentant pour chaque jour de l'année un extrait des annales de toutes les nations et de tous les siècles, par MM. V. Arnault, Bory de Saint-Vincent, Dulaure, Guizot, Norvins et autres écrivains célèbres. 13 forts vol. in-8, qui contiennent la matière de 30 vol. in-8. 30 fr.

Le tome XIII et dernier contient la table par ordre chronologique et alphabétique.

Les derniers volumes 3 à 13 se vendent séparément 3 fr.

HISTOIRE politique et militaire du prince Eugène, vice-roi d'Italie, pour faire suite à l'Histoire de Napoléon par Norvins. 2 beaux vol. in-8, cartes et fig. Au lieu de 15 fr. 6 fr.

HISTOIRE de Jeanne d'Arc, par Michaud et Poujoulat, 1 vol. in-8, portr. 2 fr.

HISTOIRE des Proverbes, Adages, Sentences, Apophtegmes dérivés des mœurs, des usages, de l'esprit et de la morale de tous les peuples anciens et modernes, précédée de l'Histoire abrégée de chaque peuple, par Méry, 3 forts vol. in-8. 12 fr.

HISTOIRE des environs de Paris, par Dulaure. 11 vol. in-8 br. en 7 forts vol., ornés de 100 fig. et d'une très belle carte sur une étendue de 14 lieues sur 68. 30 fr.

HISTOIRE philosophique et politique de la Russie depuis les temps les plus reculés jusqu'au règne de Nicolas; par Esnaux et Chennechot. 5 forts vol. in-8, impr. sur très beau pap. br. satiné. Ancien prix, 35 fr. 7 fr.

HISTOIRE de Turenne, contenant les mémoires et correspondances écrits par lui, et publiés par Ramsay. 4 forts vol. in-12, et atlas de 13 grandes planches. Au lieu de 24 fr. 3 fr.

Cet ouvrage, qui renferme une foule de mémoires, de lettres et de pièces intimes et originales, aurait dû trouver place dans la collection des *Mémoires relatifs à l'histoire de France*. Il est impossible d'allier, plus que ne l'a fait l'auteur, l'intérêt à l'exactitude historique.

ICONES Plantarum Syriæ rariorum, descriptionibus et observationibus illustratæ, auctore La Billardière. 50 pl. *Parisiis*, 1791 à 1812. 1 vol. in-4 br. Au lieu de 25 fr. 8 fr.

INSTRUMENS (les) aratoires d'agriculture, français et étrangers ou inventés par Boitard, ex-rédacteur principal de la société d'agronomie de Paris, etc. Beau vol. in-8, grand raisin, orné de 105 pl., plus de 1000 sujets bien gravés. 5 fr.

LEÇONS de littérature allemande, par Noël et Stoeber, trad. par De Rome, 2 forts vol. in-8 de 1500 pages petit-romain. 4 fr.

Nous connaissons bien mal et bien peu en France la littérature allemande. Les noms de trois ou quatre auteurs de cette nation sont seulement venus jusqu'à nous, et cependant sa littérature est une des plus riches, des plus variées. L'ouvrage que nous annonçons, et qui renferme des morceaux choisis d'une foule considérable d'écrivains célèbres en Allemagne, est indispensable tout à la fois à qui désire sortir de cette ignorance commune, et à qui recherche une attachante lecture.

LIGUE des nobles et des prêtres contre les peuples et les rois. 2 vol. in-8. 3 fr.

Cet ouvrage curieux, où les faits historiques sont rassemblés avec exactitude et présentés d'une manière piquante, avait été jugé digne des persécutions de la défunte censure, qui en a obstinément défendu l'annonce. La lutte de l'aristocratie contre les intérêts nationaux y répand un puissant intérêt.

LOIS de Platon, par Grou. 2 vol. in-8 grand papier. Portrait. 3 fr. — *Idem*, in-12. 2 fr.

MÉMOIRES sur l'impératrice Joséphine, ses contemporains, la cour de Navarre et la Malmaison; 2e édition, 3 vol. in-8 br. satinés, couv. imp. Au lieu de 22 fr. 7 fr.

Ces mémoires, tout à la fois historiques et intimes, sur un des personnages du Directoire, de l'Empire, dont le nom réveille les plus doux souvenirs, sont du petit nombre de ceux que l'histoire conservera. Cet ouvrage peut être considéré comme faisant le complément des *Mémoires de Mme la duchesse d'Abrantès*, et convient au même genre de lecteurs.

MÉMOIRES de Constant, valet de chambre de Napoléon. 6 vol. in-8. Au lieu de 42 fr. 12 fr.

MÉMORIAL pratique du Chimiste, Manufacturier; trad. de l'anglais de Mackensie sur la troisième édition. 3 vol. in-8, fig. 3 fr.

Ce livre est à la portée de tout le monde.

NOUVELLES leçons de littérature et de morale, pour faire suite à Noël et Laplace, par Berryat Saint-Prix. *Adopté par l'Université*. 2 forts vol. in-8. 9 fr.

NOVÆ Hollandiæ Plantarum specimen, auctore La Billardière. Parisiis, 1804 à 1806. 2 vol. grand in-4, br., ornés de 265 planches. Au lieu de 265 fr. 30 fr.

SERTUM Austro-Caledonicum, auctore La Billardière. 80 *pl. Parisiis*, 1824 à 1825, 2 parties, gr. in-4, br. 12 fr.

OEUVRES complètes de L.-B. PICARD, de l'Institut. 11 vol. in-8, beau portrait, imprimé par Didot sur beau papier. 10 fr.

Le tome 11e du Théâtre républicain se vend séparément.

OEuvres de PIGAULT-LEBRUN, 30 forts vol. in-8, y compris *le Citateur* et le *Voyage dans le midi de la France*, imprimés sur beau papier, par Didot. Beau portrait. Ancien prix, 160 fr. 75 fr.

Chaque volume contient 4 volumes in-12.

OEuvres de WINCKELMANN, contenant l'histoire de l'art chez les anciens. Remarques sur l'Architecture; Lettres sur les Découvertes faites à Herculanum, et Recueil sur les Arts 6 vol. in-8, ornés de 27 gravures. 12 fr.

Les trois derniers volumes se vendent séparément.

RECHERCHES sur les costumes, les mœurs, les usages religieux, civils et militaires des anciens peuples, par Maillot et P. Martin, 6 vol. in-4, y compris 3 vol. d'atlas de 288 planches. Impr. par Didot aîné, 1804. 30 fr.

RECUEIL de monumens antiques, inédits, avec une Dissertation de l'ancienne Gaule, par Grivaud de la Vincelle, 3 vol. in-4, dont un atlas de 40 planches, contenant plus de 400 sujets bien gravés, pour faire suite aux ouvrages de la Sauvagère, Millin et autres. Papier vélin. 36 fr.

— *Idem*, demi-reliure en un fort vol., dos de maroquin, et l'atlas colorié ou peint avec le plus grand soin, pap. vélin. 50 fr.

THÉORIE des sentimens moraux, ou Essai analytique sur les principes des jugemens que portent naturellement les hommes, par Adam Smith, traduit de l'anglais sur la 7e édition, par Mme Grouchy, marquise de Condorcet; deux forts vol. in-8. Paris, Barrois aîné, 1831; 2e édit., corrigée et augmentée. 3 fr.

Avant la réimpression de ce livre il se vendait 20 fr.

THÉORIE de la coupe des pierres, par Frezier; 4 vol. in-4, dont un de 114 planches. Au lieu de 75 fr. 15 fr.

Il n'est pas besoin de faire ressortir l'utilité d'un ouvrage que l'élévation de son prix empêchait seule de devenir le Manuel des architectes et des ouvriers qui travaillent la pierre.

TRAITÉ de la législation des théâtres, ou Exposé complet et méthodique des lois et de la jurisprudence qui ont rapport aux théâtres, etc., par MM. Vivien et Edmond Blanc; 1 vol. in-8 de 500 pages. Au lieu de 7 fr. 3 fr.

VIES des peintres flamands, allemands, et hollandais, par Decamps, ornés de 168 portraits du célèbre Fiquet, bonne édition. 1753. 5 vol. in-8, y compris le voyage de la Flandre et du Brabant, avec des notes de Rohn et l'itinéraire des coches d'eau, bateaux à vapeur et chemins de fer. 10 fr.

VOYAGE en Italie, par Delalande; 9 forts vol. in-12 de 600 pages chacun, et un atlas de 30 planches; 2e édition. Paris. 9 fr.

VOYAGE chez les Birmans, dans l'Inde et dans la Chine, ou testament de l'Usurpateur d'Alompra, 3 vol. in-8. 9 fr.

VOYAGE dans le midi de la France, par Millin. 5 très forts vol. in-8. et un bel atlas de 80 planches, imprim. impériale. 25 fr.

— *Le même*, papier vélin. Quelques figures coloriées. 35 fr.

VOYAGES PREMIER ET SECOND dans l'intérieur de l'Afrique par le cap de Bonne-Espérance, par F. Levaillant. 5 vol. in-8 et atlas de 43 planches. Au lieu de 48 fr. 15 fr.

On vend séparément le deuxième Voyage, 2 vol. in-4, atlas de 23 planches, y compris la belle et grande carte d'Afrique. 9 fr.

La carte séparément, au lieu de 6 fr. 3 fr.

CABINET SECRET DU MUSÉE ROYAL DE NAPLES. 1 beau vol. in-4, grand raisin vélin, orné de 60 planches coloriées, représentant les peintures, bronzes et statues érotiques qui existent dans ce cabinet. Au lieu de 100 fr. 30 fr.

LE MÊME, fig. noires. 20 fr.

Idem, doubles fig. noires et coloriées, cart. à la Bradel, dos en percaline. 45 fr.

Idem, avec les deux collections de gravures sur papier de Chine parfaitement coloriées, demi-rel., dos en veau à nerf. 60 fr.

L'art ancien et l'art au moyen-âge ne se piquaient pas d'une pudeur bien chaste; les plus admirables chefs-d'œuvre sont souvent accompagnés de détails obscènes qui en rendent impossible l'exposition aux yeux de tous. Le cabinet secret du roi de Naples est la seule galerie au monde où l'on se soit proposé de réunir tous les chefs-d'œuvre impodiques. Le livre qui les reproduit est l'indispensable complément de toutes les collections de musées, et doit trouver place dans un coin secret de la bibliothèque de l'artiste comme de celle de l'amateur.

On trouve chez le même libraire toutes les pièces de théâtre anciennes et modernes, tous les livres nouveaux publiés à Paris, et une immense quantité de livres anciens et au rabais dont il distribue le catalogue.

www.ingramcontent.com/pod-product-compliance
Lightning Source LLC
LaVergne TN
LVHW020456230826
846091LV00008BA/3236